AF258229

OBSERVATIONS

RELATIVES

A LA RÉGLEMENTATION

DE LA

DYNAMITE

PARIS

IMPRIMERIE ET LIBRAIRIE CENTRALES DES CHEMINS DE FER

IMPRIMERIE CHAIX

SOCIÉTÉ ANONYME AU CAPITAL DE CINQ MILLIONS

Rue Bergère, 20

1893

OBSERVATIONS

RELATIVES

A LA RÉGLEMENTATION

DE LA

DYNAMITE

PARIS
IMPRIMERIE ET LIBRAIRIE CENTRALES DES CHEMINS DE FER
IMPRIMERIE CHAIX
SOCIÉTÉ ANONYME AU CAPITAL DE CINQ MILLIONS
Rue Bergère, 20
1893

OBSERVATIONS RÉLATIVES

A LA

RÉGLEMENTATION DE LA DYNAMITE

Le Parlement est actuellement saisi d'un projet de loi déposé par le Gouvernement à la date du 25 juin 1892 et tendant à modifier la loi du 8 mars 1875 sur la dynamite. Il a paru convenable, au moment où ce projet va venir en discussion, d'examiner brièvement les conditions pratiques qui résultent de la réglementation actuelle et de rechercher quels sont les points sur lesquels des modifications à cette réglementation permettraient de donner satisfaction aux légitimes préoccupations de l'opinion publique.

Les documents officiels, actuellement en vigueur, sont :

La loi du 8 mars 1875 ;

Le décret du 24 août 1875 portant règlement d'administration publique pour l'exécution de la loi du 8 mars ;

Le règlement du 10 janvier 1879, fixant les conditions dans lesquelles doit s'effectuer le transport de la dynamite par chemins de fer ;

Le décret du 28 octobre 1882 relatif à la conservation, la vente et le transport de la dynamite ;

La circulaire ministérielle du 17 août 1892 relative aux expéditions par chemins de fer de la dynamite.

Tous ces documents, sauf le dernier, ont été rédigés à des époques où les pouvoirs publics se préoccupaient tout naturellement des dangers d'explosion que pouvait présenter la dynamite, tant dans les dépôts que pendant le transport et où, au contraire, on considérait comme moins dignes d'attention les vols, les détournements, en un mot les diverses circonstances par suite desquelles la dynamite peut être détournée de sa véritable destination industrielle et servir à des tentatives criminelles.

Il semble que le point de vue doit être déplacé aujonrd'hui ; en effet, à l'heure actuelle, les craintes d'explosions fortuites n'ont pas de raison d'être aussi vives, puisque, depuis plus de dix-sept ans, il n'y a pas eu d'exemple d'explosion de dynamite, soit dans les transports, soit dans les dépôts ; que, par conséquent, on est en droit de considérer ces explosions fortuites comme à peu près impossibles, et que l'on est naturellement amené à envisager comme justifié un certain adoucissement dans les précautions prises par les règlements, pour en éviter les effets ; par contre, il y a lieu évidemment de prendre des mesures nouvelles en vue d'empêcher la détention clandestine de la dynamite, puisque, à tort ou à raison, c'est à des explosifs volés que l'on a attribué les attentats dont la France entière a été si vivement émue dans ces derniers mois. C'est dans cet ordre d'idées qu'il convient d'examiner la réglementation aujourd'hui en vigueur et les dispositions qui régissent la fabrication, la vente, le transport, la conservation et l'emploi de la dynamite.

FABRICATION

La fabrication est soumise au contrôle direct et incessant des Administrations publiques : rien ne se fait dans les fabriques de dynamite qu'au vu et sous le contrôle des agents de l'État qui y sont en permanence ; on peut donc dire que ce contrôle est de nature à donner une entière satisfaction non seulement au point de vue de la fabrication et des dangers qu'elle pourrait présenter si toutes les précautions voulues n'étaient pas prises, mais encore à l'égard des vols ou détournements qui pourraient être commis. Si l'on ajoute que, jusqu'à ce jour, il n'a jamais été constaté de vols dans les fabriques de dynamite, on sera en droit de conclure que les lois et règlements en vigueur sont, à cet égard, parfaitement suffisants.

VENTE

La vente de la dynamite est également soumise à des prescriptions qui donnent toute garantie. Les fabriques ou débits ne peuvent fournir de dynamite que sur le vu d'une demande en autorisation visée par le Maire de la commune où se trouvent les travaux à exécuter et après autorisation du Préfet du département où est situé le dépôt ou la fabrique. Aussitôt l'expédition faite, l'autorisation est renvoyée à ce Préfet qui la communique à celui du département où l'envoi a été fait. Il y a donc là toutes les garanties nécessaires : c'est l'autorité qui accorde l'autorisation de recevoir de la dynamite ; elle est prévenue de l'arrivée prochaine de la commande faite ; elle a donc tous les éléments de contrôle.

TRANSPORT

La réglementation relative aux transports de dynamite n'avait donné lieu à aucune critique jusque dans ces derniers temps. C'est ainsi que sur la masse énorme de transports de dynamite effectués depuis l'arrêté ministériel du 10 janvier 1879, il n'y a eu qu'un seul cas de vol, celui de La-Chapelle-sous-Dun au mois de juillet 1892, et encore l'enquête a-t-elle démontré que ce vol n'avait pu être commis que grâce au concours exceptionnel de circonstances dans lesquelles les prescriptions de l'arrêté ministériel n'avaient pu être observées. Le Ministre des Travaux publics s'est immédiatement préoccupé d'examiner s'il n'y avait pas lieu de prendre une mesure de nature à assurer une sécurité complète et a, par sa circulaire du 17 août 1892, prescrit d'adapter aux wagons employés pour le transport de la dynamite, des cadenas présentant une solidité équivalente à celle des parois qu'ils réunissent. Il n'est douteux pour personne que cette mesure, ainsi que les précautions imposées aux Compagnies de chemins de fer pour la garde des clefs de ces cadenas et des wagons eux-mêmes, ne soient parfaitement suffisantes et ne complètent d'une façon très heureuse les prescriptions en vigueur jusqu'alors.

Cette manière de voir n'est pas, il est juste de le dire, partagée par tout le monde : on a exprimé la crainte que ce ne soit demander beaucoup aux Compagnies de Chemins de fer que de leur imposer une responsabilité de ce genre relativement aux transports de dynamite sur leurs réseaux, et on a proposé une mesure plus radicale consistant à faire convoyer toutes les expéditions de dynamite.

Il faut tout d'abord remarquer qu'une pareille méfiance à l'égard des Compagnies de chemins de fer est à la fois injustifiable et injustifiée. L'une d'elles, la Compagnie du Midi, a déjà pris depuis deux ans l'initiative de la mesure prescrite par la circulaire ministérielle du 17 août 1892 ; elle fait cadenasser et surveiller ses wagons. Il n'est pas douteux que les autres Compagnies ne reconnaissent également l'efficacité de cette mesure et ne comprennent que, si elle peut leur occasionner quelque gêne, cette gêne légère est une des charges inhérentes à la situation qu'elles occupent aujourd'hui dans le pays, où elles constituent un véritable service public ayant le devoir de veiller, en ce qui les touche, à la sécurité générale.

Quant à la proposition en elle-même, elle semble, à première vue, de nature à donner toute satisfaction ; il convient, cependant, avant de la juger, d'entrer quelque peu dans le détail de son application.

Supposons que la mesure soit prise et que les fabriques de dynamite aient recruté tout ce personnel de convoyeurs qui ne laissera pas d'être assez important, puisque l'on peut évaluer à une vingtaine au moins le nombre des expéditions faites journellement, en moyenne, par toutes les fabriques réunies. Où mettra-t-on les convoyeurs pour faire la route ? Attellera-t-on pour eux un wagon de 3ᵉ classe au train régulier qui transporte la dynamite ? Alors les convoyeurs seront inutiles, parce que les wagons ne seront pas gardés du tout. Obligera-t-on les convoyeurs à rester dans les wagons de marchandises avec la dynamite ? Alors ces wagons resteront forcément ouverts au lieu d'être fermés comme le prescrit la circulaire ministérielle ; de plus, les convoyeurs seront certainement forcés d'en descendre fréquemment, surtout aux gares : on pourra, il est vrai, leur enjoindre de fermer leur wagon à clef chaque fois qu'ils en descendront ; mais qui pourrait garantir que cette obligation inscrite dans les règlements serait vraiment observée !

Il semble donc que la mesure proposée, si simple en apparence dans l'énoncé, ne puisse pas conduire à des résultats bien positifs dans la pratique.

Et ce n'est pas tout. Les transports de dynamite se font à des distances souvent considérables par des trains qui ne vont pas très vite, et les wagons restent fréquemment en route quatre, cinq, voire même sept jours. Or, il est de toute évidence que l'existence d'un convoyeur dans ces conditions serait un véritable martyre et que, quel que fût le salaire qu'on consentirait à lui payer pour cette occupation, il serait impossible de trouver des agents présentant quelque moralité et dignes de quelque confiance pour faire un pareil métier. Consentira-t-on à employer pour remplir ces fonctions des gens sans aveu? Ce sera, certes, une amélioration au moins problématique du régime actuel.

Et il ne faut pas perdre de vue que, pour assurer l'expédition de vingt wagons par jour environ, il faudrait, en tenant compte du temps nécessaire aux convoyeurs pour revenir à leur point de départ et du repos indispensable après de tels voyages, s'assurer le concours de 150 agents de ce genre.

Au point de vue du consommateur, cette mesure serait un véritable désastre. Si, en effet, le prix du transport est augmenté dans une faible mesure par le coût du convoyeur lorsqu'il s'agit de quantités importantes, 1.500 à 2.000 ou 3.000 kilos, ce prix se trouverait décuplé pour le transport des quantités peu considérables destinées aux petits consommateurs, comme les carriers, les puisatiers, travailleurs dignes du plus grand intérêt qui ne peuvent la plupart du temps exercer leur industrie que grâce à l'emploi de la dynamite et qui seraient ruinés par les frais qu'entraînerait une pareille mesure.

Ces considérations sont de nature à faire rejeter d'une manière absolue l'idée de convoyer la dynamite dans les transports par chemins de fer; l'établissement d'un pareil régime équivaudrait à la prohibition complète, et, si tentante que soit au premier abord une mesure de cette nature, elle ne saurait soutenir la discussion. La

dynamite, en effet, est devenue, comme tous les autres explosifs, d'un emploi absolument général ; elle a permis et permet chaque jour d'exécuter des travaux qu'il ne serait pas possible d'exécuter avec des explosifs moins puissants ; elle a eu cet autre avantage de réduire de 30 ou 40 0/0 le prix des travaux de dérochement, et, par conséquent, elle a rendu d'immenses services et a économisé, tant à l'Etat qu'aux Compagnies de chemins de fer et aux particuliers, des sommes presque incalculables. S'il fallait aujourd'hui renoncer à employer la dynamite, ce serait une véritable catastrophe pour beaucoup d'entrepreneurs, de carriers, de Sociétés minières ou de charbonnages qui verraient leurs prix de revient s'élever considérablement par l'emploi de la poudre de mine, et qui trouveraient probablement la ruine au bout des tentatives qu'ils feraient pour tenir les marchés passés par eux sur la base de l'emploi d'un explosif puissant, ou pour soutenir la concurrence contre les industries étrangères pour lesquelles l'emploi de ces explosifs n'est sujet qu'à des réglementations illusoires.

Puisque les conditions de l'industrie moderne exigent absolument l'emploi de la dynamite, que par conséquent le transport de la dynamite par chemins de fer s'impose absolument, il faut renoncer aux mesures vexatoires et accepter ce transport comme une nécessité, en prenant les précautions nécessaires. Il a déjà été dit plus haut que ces précautions ont été prises par les règlements en vigueur : Il n'y a donc qu'à les appliquer avec soin et à en exiger l'exécution par les Compagnies de chemins de fer.

CONSERVATION

Les gros consommateurs de dynamite, ceux qui l'emploient dans des travaux bien déterminés, comme les mines, se font autoriser à avoir chez eux des dépôts de dynamite, mais il faut reconnaître que cette autorisation, qui doit être donnée par décret du Président de la République sur le rapport de tous les ministres intervenus dans l'instruction, ne parvient au consommateur que deux ou trois ans après qu'il en a fait la demande.

Afin de parer aux graves inconvénients qui pourraient résulter pour l'exécution des travaux publics de la lenteur inhérente aux formalités d'une autorisation de ce genre, les règlements autorisent les consommateurs qui ne possèdent pas de dépôt régulier à détenir pendant huit jours, dans leur dépôt particulier, la dynamite qui leur a été livrée sur autorisation du Préfet; ils sont tenus de rendre compte au Préfet de l'emploi qu'ils auront fait de cette dynamite huit jours au plus après sa réception.

A la vérité, dans la pratique, certains Préfets usent de tolérance et permettent aux consommateurs de conserver de petites quantités de dynamite pendant plus de huit jours, à la condition d'être régulièrement informés, toutes les semaines, des quantités employées et de celles qui restent en dépôt. Mais ce n'est là qu'une tolérance de L'Administration, et celle-ci est devenue de plus en plus rigoureuse sur l'application stricte des règlements depuis les derniers attentats, sans rechercher si les restrictions ainsi apportées à l'emploi de la dynamite sont, ou non, de nature à en favoriser la détention illicite. Il n'est pas permis d'hésiter à cet égard, et l'on peut affirmer que les mesures restrictives de ce genre vont à l'encontre du but qu'elles poursuivent.

En effet, quand il s'agit de substances explosives qui peuvent devenir un danger pour la société lorsqu'elles tombent en des mains criminelles, la clandestinité est absolument funeste. Il n'y a aucun inconvénient à ce qu'un maître carrier, par exemple, qui a fait venir 10 à 20 kilogrammes de dynamite pour l'employer à ses travaux, en conserve dans son dépôt une quantité plus ou moins importante pendant plus de huit jours, si ses travaux ne lui ont pas permis d'employer la totalité dans ce temps relativement court; — il n'y a là rien qui soit contraire à l'ordre public bien entendu, surtout si le Préfet reçoit son rapport hebdomadaire relativement à la quantité qu'il conserve et fait, de temps en temps, contrôler ce rapport par ses agents; il y a, au contraire, un grand danger à obliger ce petit consommateur à vider son dépôt dans les huit jours de la réception de la marchandise. Que fera-t-il, en effet, de la dynamite que les circonstances ne lui ont pas permis d'employer à ses travaux ? Détruira-t-il les cartouches qui lui restent et qui représentent pour lui une somme d'argent relativement importante ? Il est permis d'en douter : il est plus probable, en effet, qu'il se contentera de les soustraire aux recherches des agents chargés du contrôle, qu'il les cachera dans un champ, dans un coin de sa carrière, voire dans sa maison ; voilà la clandestinité avec toutes ses conséquences, toutes les chances de vol et d'emploi criminel qu'elle entraîne. Il paraît donc raisonnable de suivre, à cet égard, une politique plus libérale qui donne en même temps une sécurité plus grande. C'est dans le même ordre d'idées qu'il paraît convenable de réduire dans la mesure du possible, les formalités nécessaires pour obtenir un décret d'autorisation de dépôt. Enfin, pour en finir en ce qui regarde les autorisations, il y aurait lieu de se montrer moins rigoureux pour accorder aux consommateurs permanents ou temporaires la faculté de conserver dans leurs dépôts autorisés ou particuliers des quantités de dynamite équivalant à la consommation de plusieurs semaines ou de plusieurs mois.

Cette question de l'importance des dépôts touche de très près à celle des transports qui a été exposée plus haut, car, et c'est bien facile à comprendre, moins le dépôt est important, plus fréquentes seront les expéditions de la fabrique pour subvenir au besoin du consommateur. Or, il est incontestable qu'il y a intérêt à réduire le nombre des expéditions en augmentant l'importance de chacune d'elles. Tout le monde y trouvera son compte : et le consommateur qui sera pourvu pour un temps plus long et n'aura pas à renouveler aussi fréquemment les demandes qui entraînent toujours pour lui des formalités ; et les Compagnies de chemins de fer qui ont tout intérêt, au point de vue pécuniaire, à utiliser leurs wagons pour des transports individuels plus importants ; et enfin l'État, représentant la société, au point de vue duquel il est intéressant de réduire autant que possible les chances de vol.

D'autre part, il est permis d'affirmer que les chances d'explosion (si faibles en elles-mêmes, ainsi qu'on l'a vu plus haut), ne sont pas augmentées quand l'importance du chargement des wagons augmente ; de même que l'on peut admettre comme certain que les dangers que présentent les dépôts ne sont pas plus considérables quand ils contiennent une centaine de kilogrammes de dynamite que quand ils en contiennent cinq kilogrammes, quand ils sont garnis de quarante tonnes que quand ils n'en renferment plus que dix.

Si ces observations sont justes, — et tous les hommes ayant manié la dynamite les confirmeront certainement, — il semble que, quand les intérêts de la sécurité publique n'en sont pas lésés, on peut se montrer moins pusillanime dans les mesures édictées par les règlements, en ce qui concerne les quantités à admettre dans les dépôts et dans les wagons. Dès lors, il n'y aurait plus à hésiter à entrer dans cette voie, à autoriser les dépôts temporaires pour des quantités plus importantes, à faciliter les formalités relatives à l'établissement de dépôts importants, enfin à ne pas craindre, quand ces derniers dépôts ne présentent du reste pas d'inconvénients à d'autres points de vue, d'y autoriser le magasinage de quantités notables de dynamite.

Il est encore un point qu'il faut examiner avec certains détails : c'est l'organisation même des dépôts. Depuis la découverte de la dynamite, il n'a rien été changé à la réglementation relative à l'emplacement et à la construction de ces magasins; cette réglementation exige d'abord qu'ils soient placés à une distance considérable de toute habitation, de toute route, de tout chemin; elle oblige ensuite les propriétaires à les construire en matériaux légers et d'une manière tout à fait sommaire. Ces prescriptions répondaient parfaitement aux craintes que pouvaient autrefois inspirer les explosions spontanées de la dynamite. Il est bien évident que tant que l'on a cru avoir affaire à un explosif éminemment dangereux, tant qu'on a pu craindre des explosions fortuites, il était de la plus élémentaire prudence de placer les dépôts dans des endroits tellement éloignés que, s'ils venaient à faire explosion, aucun voisin n'en pût être atteint et, d'autre part, de construire ces dépôts en matériaux très légers, de telle sorte que l'explosion, si elle avait lieu, ne pût pas avoir de graves conséquences en raison de la légèreté même des parties qu'elle aurait projetées à distance. Mais aujourd'hui une expérience déjà longue et portant sur des quantités considérables (plus d'un million de kilogrammes par an pour l'intérieur de la France) permet de considérer toutes ces précautions comme exagérées.

Certes, si les prescriptions actuelles ne présentaient pas d'inconvénients par ailleurs, il n'y aurait pas lieu d'y changer quoi que ce fût, car le luxe en pareil cas ne saurait être condamnable; malheureusement, il n'en est pas ainsi, car l'éloignement des dépôts de toute habitation, de tout lieu fréquenté et la légèreté de la construction, sont de nature à rendre les vols plus faciles.

On objectera que rien n'est plus simple que de garder un dépôt, que d'y installer des sonneries électriques avertissant le gardien (dont la maison est, de par les règlements, à une distance importante), de la moindre tentative d'effraction ; — que de pratiquer des rondes de nuit fréquentes ; — que d'installer des palissades ou autres clôtures permettant d'éloigner les malfaiteurs. Certes, toutes ces mesures peuvent être appliquées et le sont effectivement pour les dépôts régulièrement autorisés; mais l'expérience a prouvé qu'elles ne parviennent pas à empêcher des vols de cartouches, parce qu'il suffit aux malfaiteurs d'épier le moment où le gardien vient de faire sa ronde, pour éviter sa présence, de couper les fils électriques pour empêcher qu'il ne soit averti de leur tentative, d'escalader les clôtures, ce qui est toujours facile à plusieurs hommes agissant de concert. Ces obstacles une fois franchis, — et ils ne sont pas redoutables, — rien n'est plus aisé que de soulever la toiture, ou d'enfoncer les parois du dépôt afin d'y enlever une ou deux caisses de dynamite, provision suffisante pour vingt attentats du genre de ceux qui ont terrifié la France entière.

Ces objections sont donc vaines, et il reste acquis que la réglementation actuelle est vicieuse au premier chef, d'abord parce qu'elle exige que les dépôts soient construits dans des endroits éloignés, ensuite parce qu'elle exige que la construction des magasins soit légère.

Quel inconvénient verrait-on, du reste, à autoriser des dépôts près des maisons habitées, ou même dans ces maisons. Est-ce que la dynamite est plus dangereuse que la poudre, et a-t-on jamais songé à exiger des débitants ou consommateurs de poudre le luxe des précautions qui viennent d'être énumérées? Une pareille pensée n'est jamais venue à personne, même en voyant dans les villages le traditionnel baril de poudre avec son couvercle en bois, prendre place dans la boutique du débitant, à côté du tabac et des allumettes et servir à supporter une lampe à pétrole qu'un client maladroit peut renverser. Une tolérance aussi excessive ne serait pas de mise pour la dynamite. On pourra exiger des carriers, des puisatiers, des petits entrepreneurs, des fermiers (car la dynamite joue aujourd'hui un rôle important dans le défrichement des landes et l'enlèvement des souches) qu'ils placent la dynamite qu'ils sont autorisés à posséder dans des locaux spéciaux, bien fermés, construits en matériaux incombustibles, si l'on veut ; mais il est indispensable que, par leur situation même, ces locaux soient à leur portée constante, qu'ils touchent leur habitation s'ils n'y sont pas compris, enfin qu'ils soient placés de telle manière que, sans aucun dérangement pour eux, ils soient gardés jour et nuit. On peut, du reste, être sans crainte : aucun n'y fera d'objection ; la dynamite, dont le nom seul est aujourd'hui un épouvantail pour le gros du public, ne fait peur à aucun de ceux qui ont l'habitude de s'en servir, car ils savent qu'il n'y a pas de substance plus sûre et moins dangereuse à manier ; laissez-les faire et ils vous proposeront, l'un de la placer dans un bahut sous son lit, l'autre de la garder dans son coffre-fort avec son argent. Au moins là, elle serait en sûreté.

Quant aux dépôts plus importants appartenant soit aux fabricants, soit à de grandes entreprises de mines ou de travaux publics, et où la dynamite doit être conservée en quantités considérables, qu'on les laisse, si l'on veut, à une certaine distance des lieux habités, mais qu'au moins on les construise solidement de manière à défier les tentatives des voleurs. Qu'on cherche, en outre, chaque fois que cela sera possible, à réunir en un même lieu plusieurs dépôts rapprochés et qu'on constitue ainsi des centres faciles à garder en cas d'effervescence populaire.

Ces mesures, si radicalement différentes de celles qui ont été appliquées jusqu'ici, paraîtront peut-être au premier abord bien audacieuses. Elles n'ont que l'apparence de l'audace et répondent au contraire aux véritables besoins de notre époque où la dynamite n'est devenue un danger public que parce que les prescriptions relatives à sa conservation sont restées stationnaires et demeurent dans notre législation comme ces anciennes coutumes dont l'application continue jusqu'au moment où l'on s'aperçoit de la fausseté du principe dont elles découlent. Il est incontestable que les habitudes actuelles sont impuissantes à empêcher les vols dans les dépôts ; il est grand temps de les changer et d'inaugurer une réglementation nouvelle que l'absence bien constatée de dangers d'explosions spontanées ou fortuites rend aujourd'hui rationnelle et qui aurait l'immense avantage de donner de réelles garanties à la sécurité publique.

EMPLOI

L'emploi de la dynamite n'a pas été, à proprement parler, réglementé jusqu'à ce jour. Il est, en effet, assez difficile de poser des bases certaines pour l'emploi des cartouches que l'Administration a cru devoir mettre entre les mains de certains industriels; il n'en est pas moins nécessaire cependant d'arriver à changer sur ce point les habitudes anciennes parce que, de l'avis de toutes les personnes au courant de la question, c'est dans l'emploi même des cartouches que se rencontrent le plus d'occasions de les détourner de la destination pour laquelle l'acquisition en a été autorisée.

Il se dit couramment que les ouvriers qui emploient la dynamite en volent à leur patron et en constituent chez eux des réserves clandestines; sans aller aussi loin, on ne peut s'empêcher de reconnaître que le fait de la clandestinité est positif et indéniable; chaque jour, dans la malle des ouvriers mineurs, carriers, puisatiers et autres qui disparaissent ou sont arrêtés pour d'autres motifs, on trouve des cartouches de dynamite en nombre plus ou moins considérable, et il n'est que trop certain que, par connivence quelquefois, par faiblesse souvent, ces dépôts clandestins servent à fournir aux malfaiteurs les matières explosives nécessaires à la construction de leurs détestables engins.

D'où vient, cependant, que les ouvriers qui emploient la dynamite aux travaux sont ainsi souvent en possession de cartouches? Est-ce que les patrons ont manqué de surveillance? Est-ce que les ouvriers ont usé de ruse pour voler leurs patrons? Ce sont là des cas qui se rencontrent quelquefois; mais il faut bien le dire — car en pareille matière il faut voir les choses comme elles sont — le plus souvent les cartouches ainsi trouvées sont réellement la propriété des ouvriers qui ne considèrent pas comme un délit de les conserver chez eux. En effet, dans beaucoup de cas, les ouvriers sont payés par les patrons, à la tâche, c'est-à-dire au cube extrait, à l'avancement, etc. Dans le contrat verbal qui intervient alors entre le patron et l'ouvrier, il est stipulé que, moyennant le prix convenu, l'ouvrier paiera lui-même la dynamite qu'il emploiera, et en effet, le prix des cartouches que le patron lui délivre pour son travail est déduit de la somme qu'il a à toucher après exécution. Mais l'ouvrier, qui a touché dix cartouches par exemple. peut très bien, lorsque les circonstances lui sont favorables, n'en employer à son travail que sept ou huit. Que fera-t-il alors de celles qu'il n'a pas employées? Les remettre au patron et les faire déduire de son compte serait l'issue la plus naturelle; mais il est rare que ce soit à celle-là qu'il s'arrête. Les cartouches non utilisées sont dans sa poche quand il rentre chez lui après avoir fini son travail; elle sont bien à lui puisqu'elles sont portées à son compte; il les garde dans sa chambre, soit par indifférence, soit parce que, une autre fois, quand le travail aura présenté plus de difficultés qu'on ne prévoyait, quand il exigera plus de cartouches qu'il ne lui en a été alloué, il retrouvera cette réserve qui, suivant son langage, ne doit rien à personne, et pourra ainsi exécuter ce nouveau forfait sans diminution de son salaire. Dans la plupart des cas, c'est là l'origine des réserves de cartouches que possèdent un grand nombre d'ouvriers.

Il est évident que ces réserves sont fâcheuses; elles constituent une source qu'il faut absolument tarir, car c'est évidemment à cette source que puisent ceux qui veulent faire de la dynamite un emploi criminel. Or, il n'est pas impossible d'arriver à ce résultat. Il y a lieu d'abord d'insister auprès des patrons pour que l'emploi des cartouches soit surveillé plus exactement, pour qu'il leur soit rendu compte du

nombre exact de cartouches mises et brûlées dans les trous de mines ;
il faut ensuite rappeler aux ouvriers, par des affiches placées en des
lieux apparents près des chantiers où a lieu l'emploi de la dynamite,
que tout détenteur illégal de dynamite, c'est-à-dire n'ayant pas une
autorisation du Préfet, est passible des peines édictées par la loi ;
enfin, il faut instituer une série de formalités qui permettent de
savoir par quelles mains a passé une cartouche avant d'arriver au
détenteur illégal en la possession duquel elle serait saisie. Cette der-
nière condition serait remplie si on obligeait les fabriques de dynamite à numéroter toutes les cartouches qu'elles livrent à la consommation, en faisant connaître à l'Administration les numéros livrés à
chaque consommateur ; si l'on obligeait ensuite les consommateurs à
tenir un registre indiquant par numéros les noms des ouvriers à qui
les cartouches ont été remises pour l'emploi. En cas de découverte
d'une cartouche quelconque, on pourrait ainsi arriver assez rapide-
ment à connaître exactement l'ouvrier qui l'aurait remise au détenteur illicite et qui, par conséquent, serait son complice aux yeux de
la loi.

Une mesure de ce genre aurait des résultats importants. Notre
population ouvrière est, en effet, généralement saine et peu disposée
au crime, mais aussi très indifférente et faible à l'excès. Le jour où les
ouvriers connaîtront les responsabilités qu'ils encourent en remettant
à qui que ce soit une cartouche de dynamite qui était destinée aux
travaux, ils n'hésiteront pas à renoncer aux pratiques actuelles dont
le grave inconvénient est de constituer des dépôts clandestins d'explosifs dont il est toujours permis de redouter l'emploi dans un but
criminel.

EXPLOSIFS DIVERS

C'est à dessein que le mot « explosif » a remplacé ici le mot
« dynamite ». Il faut, en effet, se bien pénétrer de ce fait que rien,
absolument rien, ne permet de se prononcer d'une manière formelle
à l'égard de l'explosif employé dans les divers attentats commis en
1892. Il est certain que, dans ces attentats, il a été fait usage d'un

explosif puissant, et l'on peut dire avec certitude que cet explosif n'était pas de la poudre noire. Mais il est impossible de dire si c'était de la dynamite, de la forcite, de la poudre Favier, de la poudre B N (sans fumée), et il n'est pas moins évident que, tous les explosifs dont il vient d'être question produisant des effets analogues, rien, absolument rien, ne permet aux hommes de science d'attribuer les effets produits à l'un plutôt qu'à l'autre. N'est-ce pas une raison pour affirmer d'ores et déjà que la sécurité publique exige impérieusement que tous ces explosifs soient soumis à une même réglementation? Il paraîtrait difficile de soutenir le contraire et d'admettre, comme on semble l'avoir fait implicitement jusqu'ici, que l'une quelconque de ces substances puisse jouir de cette propriété singulière de constituer pour les mineurs un explosif puissant et comparable à la dynamite, tandis qu'elle ne présente aucun danger entre des mains mal intentionnées qui oseraient s'en servir pour faire sauter des maisons. C'est là une supposition fantaisiste que rien ne justifie; il y a donc lieu tout d'abord de faire rentrer tous les explosifs dans la même réglementation si l'on cherche véritablement à préserver la société et à prendre les mesures que réclame l'opinion publique.

En vain cherchera-t-on à soutenir que certains explosifs sont inoffensifs en ce qui concerne les attentats criminels, parce qu'ils exigent un détonateur trop puissant; une pareille thèse n'est pas soutenable, car le commerce des munitions est libre et chacun peut se procurer la quantité qui lui est nécessaire de fulminate de mercure. La vérité c'est que tous les explosifs peuvent servir à commettre des attentats, et qu'il est inadmissible que le commerce, la vente, la conservation de ces explosifs puisse se faire sans que l'État intervienne, sans qu'il connaisse les acheteurs, sans qu'il autorise les achats et les dépôts, sans qu'il contrôle l'emploi aux travaux. La réglementation nouvelle ne peut et ne doit distinguer que deux sortes d'explosifs : les uns sont ceux qui sont fabriqués par les soins de l'État; les autres, ceux que l'État autorise l'industrie privée à fabriquer. Pour les premiers, l'État n'a pas besoin de faire intervenir le législateur pour édicter les mesures les plus propres à préserver la société tant pour la fabrication que pour la vente, la conservation, etc. Au contraire, pour les seconds, le législateur doit intervenir afin d'empêcher, par des règlements sagement étudiés, que les explosifs ne puissent parvenir entre les mains de personnes indignes de confiance, et pour prescrire le transport, la conservation et l'emploi dans des conditions qui donnent toute satisfaction à l'opinion publique.

RÉSUMÉ.

Les conclusions auxquelles on arrivera après l'examen qui précède sont les suivantes :

Il y a lieu de compléter et de modifier la réglementation existante relative à la dynamite. Tout d'abord, il faut la généraliser et l'appliquer sans distinction à tous les explosifs fabriqués par l'industrie privée.

La fabrication et la vente sont soumises à des prescriptions qui donnent toutes les garanties voulues.

Les transports se font suivant une réglementation qui est absolument satisfaisante. On améliorera encore les conditions actuelles en favorisant les dépôts importants qui restreindront le nombre des expéditions.

La conservation est soumise à une réglementation surannée et dont les effets vont directement à l'encontre du but à poursuivre : augmenter l'importance des dépôts ; faciliter aux petits consommateurs la conservation des quantités qu'ils seraient autrement conduits à conserver clandestinement ; réduire les formalités pour les autorisations de grands dépôts, que le Gouvernement reste toujours, bien entendu, libre de ne pas accorder quand il les croit contraires aux intérêts de l'État ; constituer les dépôts dans des conditions matérielles qui rendent les vols impossibles, en abandonnant les idées fausses qui ont présidé jusqu'ici à leur établissement ; telles sont les principales conclusions auxquelles conduit l'examen impartial de cette importante question.

Enfin, l'emploi qui n'est pas réglementé jusqu'ici, doit donner lieu de la part du Gouvernement à une réglementation simple et générale ayant pour but de supprimer les réserves clandestines ainsi que de mettre les ouvriers en garde contre les conséquences que peuvent avoir pour eux ces réserves et contre la responsabilité effective qu'ils encourent en se faisant, par la distribution de cartouches destinées aux travaux, les complices des détenteurs clandestins.

IMPRIMERIE CENTRALE DES CHEMINS DE FER. — IMPRIMERIE CHAIX, RUE BERGÈRE, 20, PARIS. — 513-1-9. — (Encre Lorilleux).

18